PUBLICATION DE LA RÉUNION DES OFFICIERS

DE

L'ORGANISATION DÉFENSIVE

DU TERRITOIRE

PAR

LE GÉNÉRAL CADART

PARIS

CH. TANERA, ÉDITEUR

LIBRAIRIE POUR L'ART MILITAIRE ET LES SCIENCES

Rue de Savoie, 6

1873

PARIS. — IMP. A. DUTEMPLE, 61, RUE BONAPARTE.

DE

L'ORGANISATION DÉFENSIVE

DU TERRITOIRE

PAR

LE GÉNÉRAL CADART

PARIS

CH. TANERA, ÉDITEUR

LIBRAIRIE POUR L'ART MILITAIRE ET LES SCIENCES

Rue de Savoie, 6

1873

DE
L'ORGANISATION DÉFENSIVE
DU TERRITOIRE

Les événements malheureux de la dernière campagne, en séparant de la France l'Alsace et une partie de la Lorraine, nous ont imposé l'obligation de reconstituer de toutes pièces le système défensif de notre nouvelle frontière; ils ont prouvé en même temps qu'à notre époque, avec les immenses armées mises en mouvement, le théâtre des opérations militaires prenait inévitablement une étendue considérable, et qu'il ne suffisait pas, pour atteindre le but qu'on doit se proposer, d'organiser à la frontière un système restreint de protection, par l'amélioration ou la création de quelques places fortes.

C'est la défense de tout le territoire qui doit être aujourd'hui étudiée; c'est par des vues d'ensemble que la répartition des moyens défensifs devra être déterminée, c'est aussi par des vues d'ensemble que le rôle de chacun des points choisis pour appuyer cette défense devra être apprécié.

Nous n'avons pas l'intention d'étudier dans la présente note l'organisation de la défense générale, nos prétentions sont plus modestes; nous nous bornerons à exposer d'après quels principes les moyens défensifs permanents nous paraissent devoir être établis.

Quelle que soit l'organisation adoptée pour la défense gérale, il en résultera nécessairement la création de quelques places fortes nouvelles et l'amélioration d'une certaine partie des places existantes, dans lesquelles il importe de mettre les moyens de la défense en rapport avec ceux de l'attaque.

Or, il faut bien reconnaître que le choix des ouvrages à construire est d'une extrême importance, car si l'on doit admettre que c'est en les disposant convenablement qu'on arrivera à compléter et à améliorer les places existantes, ainsi qu'à bien organiser les places nouvelles, on ne peut se dissimuler que c'est de la dépense plus ou moins considérable qu'entraînera le mode de construction adopté pour ces ouvrages, que dépendra, dans les conditions financières où nous nous trouvons, la réalisation plus ou moins rapprochée des projets qui seront admis. En raison de la nécessité de réduire la dépense au minimum, il convient de chercher à réduire les dimensions des ouvrages à établir, ce qui d'ailleurs peut avoir lieu, comme nous chercherons à le démontrer plus loin, sans nuire à leurs qualités défensives.

On peut dire d'une manière générale :

1º Que l'organisation de la fortification doit dépendre essentiellement du rôle qu'elle a à remplir. En effet, tantôt sentinelle vigilante, elle doit ou empêcher l'ennemi d'occuper un point important, ou lui interdire un passage obligé ; tantôt constituant un centre de résistance, elle doit donner à la défense le moyen de se développer ou de se restreindre suivant les circonstances ;

2º Que dans l'établissement d'un ouvrage, il faut tirer le meilleur parti possible des circonstances locales, c'est-à-dire que s'il doit se plier au terrain pour en mieux assurer la défense, il doit aussi, tantôt se couvrir des obstacles naturels pour accroître sa force de résistance, tantôt se placer en avant de ces obstacles pour rendre plus facile l'action à l'extérieur des troupes opérant sous sa protection.

Comme corollaire de la première proposition, on doit admettre que, pour une bonne organisation, les ouvrages doivent être *suffisants* tant en nombre qu'en valeur défensive, mais seulement *suffisants*, car c'est ainsi qu'on arrivera à les établir dans des conditions aussi peu dispendieuses que possible.

Les principes auxquels sont soumis les ouvrages de fortification permanente peuvent se diviser en deux catégories : les principes généraux et les principes particuliers; les premiers s'appliquent à tous les ouvrages, les seconds dépendent du rôle spécial assigné à l'ouvrage.

Les principes généraux peuvent se formuler ainsi :

1° Un ouvrage doit être en état d'opposer une résistance sérieuse à tous les genres d'attaque;

2° Il doit immobiliser pour sa défense le moins de monde possible.

(A notre avis, les conditions de tracé n'ont qu'une valeur secondaire, elles dépendent spécialement des circonstances locales.)

L'attaquant, quels que soient l'importance et le perfectionnement des moyens dont il dispose, ne peut recourir, pour réduire un ouvrage, qu'à quatre procédés :

L'attaque de vive force ou par surprise,
Le bombardement,
Le blocus,
Enfin l'attaque régulière ou pied à pied.

L'ouvrage doit, par son organisation même, être à l'abri d'une surprise et pouvoir repousser une tentative de vive force; avec les armes actuelles, cette dernière condition sera généralement facile à réaliser.

Pour résister au bombardement, il doit être pourvu d'abris suffisants pour assurer, en dehors des périodes de combat, le repos et la sécurité des défenseurs, et des dispositions doivent être prises pour la conservation de son matériel contre les coups d'une artillerie qui pourra toujours être supérieure en nombre.

Pour résister à un blocus, il doit être muni des approvisionnements nécessaires.

Enfin, pour soutenir une attaque régulière, il doit pouvoir s'opposer aux progrès de l'assaillant dans les trois périodes successives de ses opérations : canonnades lointaines, travaux d'approche, luttes sur le terrain même occupé par la fortification.

Telles sont les conditions générales auxquelles paraît devoir satisfaire tout ouvrage de fortification permanente ; mais chacun d'eux doit, en outre, selon la position qu'il occupe et le rôle qui lui est assigné dans la défense, remplir certaines conditions spéciales qui influent sur son importance et son organisation.

Or, on peut ranger les ouvrages de fortification permanente en trois catégories principales, d'après les rôles qu'ils sont appelés à jouer dans la défense.

La première catégorie comprend les ouvrages isolés destinés à assurer l'interdiction d'un passage obligé, chemin en pays de montagne, voie ferrée pénétrante, etc.

Dans la deuxième se trouvent les places importantes soit par la position qu'elles occupent, soit par les ressources qu'elles renferment et qu'on croit devoir soustraire aux effets destructeurs du bombardement.

Dans la troisième enfin sont les places susceptibles de jouer dans la défense un rôle *tout spécialement actif.* Comme elles sont destinées à abriter à certains moments des forces considérables, elles doivent être organisées de manière à ce que ces forces puissent prendre facilement l'offensive.

PREMIÈRE CATÉGORIE. — Quoiqu'on ait vu dans la dernière guerre l'armée allemande, favorisée d'ailleurs par l'absence de toute résistance organisée, pousser jusqu'au cœur du pays les pointes les plus audacieuses et arriver à vivre pendant plusieurs semaines du seul produit de l'exploitation des ressources locales, on sait fort bien aujourd'hui combien sa situation a souvent été précaire, quelles difficultés elle eût rencontrées au moindre échec sérieux, quelles souffrances elle eût éprouvées si l'organisation des forces improvisées après nos premiers désastres l'eût obligée à restreindre pendant quelque temps le champ de ses réquisitions; on sait quels immenses efforts elle a faits pour rétablir ses communications; on sait enfin que, malgré les ressources considérables qu'elle a trouvées sur place, elle a dû demander pendant la durée de la guerre, aux seules lignes ferrées aboutissant à Sarrebruck, le transport de plus de 60,000 tonnes de vivres et d'approvisionnements de toute nature.

La nécessité d'interdire à l'ennemi les passages obligés ou l'usage de certaines voies ferrées n'est d'ailleurs contestée par personne.

Les ouvrages à créer dans ce but doivent être aussi restreints que possible dans leurs dimensions et dans le chiffre de la garnison qui leur est attribuée, car la *résistance d'un ouvrage essentiellement passif ne doit point se mesurer à son étendue.*

Un petit nombre de défenseurs résolus, un commandant énergique suffisent à donner à un ouvrage de cette nature toute la valeur qui lui est nécessaire et à lui faire jouer convenablement le rôle qu'il doit remplir.

Dans l'organisation de ces ouvrages, l'application des prin-

cipes généraux suffit, et toutes les solutions qui réaliseront
ces principes seront également admissibles ; néanmoins, vu le
nombre assez considérable de créations de ce genre qu'entrai-
nera la réorganisation de notre système défensif, la question
d'économie devra être prise tout particulièrement en consi-
dération.

La faiblesse de la garnison entraînant comme conséquence
l'emploi d'un nombre restreint de bouches à feu, il faudra
que l'action extérieure à grande distance soit assurée par la
supériorité du calibre des pièces employées, et surtout par
la sécurité de ce matériel limité ; d'autre part, l'isolement
de l'ouvrage l'exposant aux feux de l'assaillant dans toutes
les directions, on est invinciblement conduit à avoir recours,
pour obtenir cette sécurité, à l'emploi de batteries protégées
par des blindages, soit qu'avec certaines puissances étran-
gères on admette des pièces sous coupoles tournantes, soit
qu'on admette des pièces mobiles derrière des blindages
fixes, soit enfin que, pour le cas où il suffira d'assurer la sécurité absolue de quelques pièces battant un passage obligé,
on ait recours à une caverne ou à une casemate qui constituerait alors la partie importante de l'ouvrage.

Quelques pièces légères seraient fort utiles pour augmenter
l'action extérieure, dans le cas où l'ennemi entreprendrait
des travaux d'approche ; une contrescarpe continue et d'un
relief respectable, un glacis protégé par des défenses accessoires et au besoin par quelques dispositions souterraines,
s'opposeraient au succès de toute attaque de vive force.

Telles sont les données générales du problème à résoudre
pour la première catégorie d'ouvrages ; mais il importe d'insister sur ces deux points : en premier lieu c'est que rien
dans ces données n'entraîne comme une nécessité d'avoir
recours à un ouvrage de grandes dimensions : en second lieu
qu'elles ne conduisent pas nécessairement à l'emploi *d'un*

type disposé de manière à satisfaire aux conditions multiples de ce problème. Souvent diverses dispositions peuvent fournir des solutions également satisfaisantes, et presque toujours les circonstances locales doivent faire préférer en des points différents des solutions différentes pourvu qu'elles soient susceptibles d'être appliquées sans qu'on s'écarte de la limite des dépenses qu'on se sera imposée.

A notre avis, l'idée d'un *type* doit être considérée comme dangereuse; chaque position à occuper doit donner lieu à une étude spéciale et la solution excellente pour une circonstance donnée sera ou insuffisante ou trop importante pour un cas différent; cette idée de type résulte de la confusion qu'on fait trop fréquemment entre les principes et l'application : les principes sont absolus tandis que l'application est subordonnée à une foule de considérations secondaires et locales.

DEUXIÈME CATÉGORIE. — Dans l'organisation des places que nous avons rangées dans la deuxième catégorie, les forts extérieurs sont destinés à protéger un noyau central contre les tentatives de l'ennemi, à créer en avant de l'enceinte de la place une zone interdite à l'assaillant (ce qui l'obligera à étendre son investissement) et à assurer à la défense la possession incontestée de certains points, constituant par leur ensemble une *enceinte de combat* qui étendra son action extérieure et lui permettra de menacer tout le périmètre de l'investissement.

Par le seul fait de l'existence d'un noyau central, ces ouvrages ne doivent plus être considérés comme isolés; ils ne peuvent être attaqués de la même manière sur tout leur pourtour. Leur défense se relie intimement à un ensemble auquel il convient de subordonner leurs dispositions principales; et dès lors il faut tenir compte dans leur organisation des principes suivants :

1° Ils ne doivent recevoir qu'une faible partie des troupes préposées à la défense de la place; mais ils doivent avoir une garnison propre, permanente, un commandement responsable;

2° On doit considérer comme protégé, non-seulement le terrain qui peut être directement battu par leur artillerie, mais tout le terrain qui ne pourrait être occupé d'une manière sérieuse par l'ennemi, faute de communications assurées;

3° Ces forts ne doivent être considérés que comme des points d'appui solides à la faveur desquels l'action de la défense doit être étendue et développée à l'extérieur.

1° Sauf le cas des ouvrages de la première catégorie, le but de la fortification n'est pas de créer des obstacles passifs en arrière desquels les défenseurs puissent braver pendant un temps plus ou moins long les efforts d'un assaillant; lorsqu'on crée des fortifications, on se propose plutôt de suppléer à des conditions d'infériorité et de donner à une troupe plus faible les moyens de se défendre sérieusement, or, *pour être sérieuse, toute défense doit être active*, et de même qu'il importe d'immobiliser le moins de monde possible pour la garde des places, puisque ce sont les armées qui décident du sort des campagnes, il est nécessaire de n'affecter à la garde des forts extérieurs que la moindre partie possible de la garnison, afin d'en conserver la plus grande partie possible pour les opérations actives de la défense.

On n'était malheureusement pas assez pénétré de cette vérité pendant la dernière guerre; on a pu entendre maudire les défenses de Metz parce qu'elles *condamnaient*, disait-on, l'armée à l'immobilité, et l'on a pu voir exécuter à Paris des travaux de défense passive qui ont rendu les actions extérieures plus difficiles ; néanmoins, les quelques tentatives de sorties faites, soit à Metz, soit à Paris, ont également montré que, sous la protection des forts, les actions offensives étaient possibles et les généraux allemands sont unanimes pour reconnaître à quel excès de surexcitation et de fatigue leurs troupes d'investissement eussent été bientôt réduites, si ces tentatives s'étaient renouvelées d'une manière continue sur différents points du périmètre de leur occupation.

Il est indispensable de combattre vigoureusement la tendance que l'on a généralement à considérer la fortification comme un bouclier destiné à fournir un abri à ses défenseurs ; la fortification est une arme offensive pour qui sait s'en servir.

Les forts détachés, qui doivent être considérés comme constituant les points principaux d'une enceinte discontinue, de *l'enceinte de combat*, comme on l'a justement appelée dans un article récemment inséré au *Bulletin*, ne sont appelés à représenter que le côté passif de la résistance ; il est donc indispensable qu'ils soient en état de fournir le maximum d'effet sous ce rapport, aussi conviendrait-il de leur affecter une garnison permanente dont le chef, personnellement responsable de leur défense et de leur conservation, pourrait, avec un personnel restreint, mais parfaitement au courant du service spécial qui lui est demandé, tirer le meilleur parti possible des ressources mises à sa disposition.

Pour assurer ce résultat, la garnison d'un fort détaché ne devra pas, en général, avoir à prendre part aux actions extérieures autrement que par le feu de ses batteries, et son service de surveillance devra être restreint à une zone limitée et nettement définie qu'elle connaîtra parfaitement.

Dans ces conditions, ces garnisons pourront être réduites à

un minimum; car, par leur connaissance de l'ouvrage à défendre et du terrain à protéger, par leur unité, par l'esprit
de corps et l'émulation résultant de leur responsabilité et de
la continuité de leur action commune, elles seront susceptibles de rendre les meilleurs services.

2° Il serait impossible d'élever autour des places importantes des forts tellement rapprochés les uns des autres qu'ils
puissent fouiller, sur tout le périmètre de la place, tous les
replis d'un terrain quelque peu accidenté ; non-seulement on
tomberait dans des dépenses excessives, mais on accroîtrait
hors de toute proportion raisonnable les garnisons à entretenir. On ferait d'ailleurs une œuvre à peu près inutile, car
une pointe tentée par l'assaillant entre les forts ne saurait
avoir de résultats sérieux si ses communications ne peuvent
être établies d'une manière certaine et continue, et sous la
protection des forts, les forces mobiles de la défense auraient
bientôt raison d'une semblable agression.

Sans doute, on doit avoir en vue de protéger le noyau central des effets destructeurs des projectiles de l'ennemi, on
doit s'opposer au bombardement; mais en admettant que,
par une surprise, l'ennemi amenant dans l'intervalle des forts
des pièces légères, puisse jeter dans la place quelques projectiles, de pareilles tentatives, même couronnées d'un succès relatif, ne sauraient avoir ni l'effet réel ni surtout l'effet
moral d'un bombardement; car, au cours de la dernière guerre,
on a pu vérifier trop fréquemment que, pour produire un véritable effet, le bombardement devait être effectué par des
batteries puissantes et agissant d'une manière continue.

La défense doit donc se regarder comme maîtresse du terrain que bat le canon de ses forts; elle doit regarder comme
protégé tout l'espace dans lequel l'ennemi ne saurait faire
d'établissement sérieux, faute de communications assurées.

Ces propriétés sont aussi bien l'apanage des forts de petite dimension, lorsqu'ils sont disposés pour une sérieuse résistance, que celui des grands forts.

3º Un reproche qu'on adresse communément aux forts de petite dimension est de n'avoir à opposer aux batteries nombreuses et disséminées de l'attaque qu'un front restreint et un faible armement, ce qui constitue pour eux un état d'infériorité évidente.

Cela est vrai, dans le cas où l'on suppose que dans le fort seul sont concentrés tous les moyens de la défense, que le fort doit à la fois résister et combattre ; mais on ne peut se dissimuler que dans cet ordre d'idées, quelque étendue qu'on donne à un ouvrage détaché, la ligne de feu dont on dispose sera toujours bien restreinte par rapport au front de l'attaque, et que l'accroissement de ses dimensions intérieures n'apporterait qu'une faible amélioration à cette situation, tandis qu'il aurait l'inconvénient d'augmenter le but offert aux feux convergents de l'ennemi.

Le seul moyen de satisfaire convenablement aux conditions, en apparence contradictoires, d'avoir un grand développement de feux et de ne pas augmenter l'étendue des ouvrages défensifs, est de poser en principe la nécessité de séparer *l'artillerie de combat de l'artillerie de défense*, et de ne considérer les forts permanents à établir que comme des ouvrages de résistance, que comme des points d'appui solides à la faveur desquels l'action de la défense doit s'étendre et se développer à l'extérieur.

Au lieu d'augmenter la dimension des forts, solution coûteuse et peu efficace, il est préférable, à notre avis, d'établir, selon les besoins de la défense et sous la protection de ces ouvrages, des batteries susceptibles de soutenir la lutte engagée par celles de l'attaque.

Ces batteries jouiraient de tous les avantages des batteries de l'attaque, et il suffirait de les mettre à l'abri d'une surprise, car l'ennemi n'y saurait prendre pied à cause de la proximité même *du fort avec lequel elles formeraient système.*

Si l'on observe que dans les places pourvues de forts extérieurs, la partie la plus importante de la lutte aura lieu désormais en avant de l'enceinte discontinue formée par le cordon des forts extérieurs, et que, pendant cette période, le matériel destiné à la défense de l'enceinte proprement dite sera sans emploi, on est conduit à penser que ce matériel pourrait être utilisé pour armer les batteries annexes à établir sous la protection des forts.

On désarmerait ces batteries dès que les progrès de l'attaque rendraient leur situation trop précaire, soit pour rendre les pièces à leur destination première, soit pour leur faire occuper des positions plus rapprochées de la place.

TROISIÈME CATÉGORIE. — Les progrès successivement réalisés par les armes de jet ont eu généralement pour résultat d'accroître les ressources de l'attaque au détriment de la défense, surtout pendant les premières périodes de la lutte engagée ; en effet, tant que l'assaillant opère à grande distance, il est pour ainsi dire insaisissable, tandis que tous ses projectiles arrivent au but sur lequel converge son tir : c'est seulement dans la dernière période, dans la zone rapprochée, que le général DE BLOIS désigne sous le nom de *terrain du génie,* que la justesse et la rapidité de tir des petites armes viennent au secours des défenseurs pour rendre presque impossible l'action de vigueur (l'assaut), qui peut seule permettre à l'assaillant d'occuper définitivement un ouvrage énergiquement défendu.

En ce qui concerne l'investissement, la longue portée des pièces favorise tout particulièrement l'assaillant. Autrefois, la ligne d'investissement était beaucoup moins étendue, il est vrai, mais l'assiégeant, presque partout en contact avec les forces de l'assiégé, était sur tout le périmètre exposé aux brusques irruptions des défenseurs, et la faible distance qui séparait les deux adversaires rendait les surprises fort à craindre pour lui ; aussi devait-il se tenir en forces sur tous les points, ce qui l'obligeait à avoir un effectif notablement supérieur à celui de la garnison investie.

Aujourd'hui l'ennemi peut se contenter d'occuper en forces un certain nombre de points répartis sur la ligne d'investissement, et, si le terrain offre des positions dominantes et d'une défense facile, il suffit qu'il s'y établisse solidement pour qu'avec une armée à peine supérieure à celle qu'il assiége, il puisse s'opposer avec succès à toute action extérieure de la garnison.

La zone commandée par son canon a une telle profondeur qu'elle ne peut plus être franchie qu'au prix des plus grands efforts, et l'assiégé qui tente une action de vigueur contre les positions fortifiées de l'ennemi, se trouve par ce fait dans les conditions mêmes où se trouverait l'assiégeant qui voudrait essayer d'emporter un ouvrage de vive force.

En outre, la distance à franchir pour les assiégés donne à l'assiégeant le temps d'appeler ses réserves, de concentrer ses troupes, et lui permet de n'avoir autour de la place qu'un mince cordon de troupes que des réserves renforcent sur les points les plus exposés aux entreprises de la défense (1).

La conséquence à tirer des considérations qui viennent d'être exposées, c'est que l'investissement en plaine est le plus difficile à exécuter, que c'est celui qui, faute de points

---

(1) Nous faisons abstraction des tentatives que pourrait faire une armée de secours sur les lignes d'investissement, tentatives auxquelles devrait d'ailleurs s'opposer une armée d'observation.

d'occupation naturellement solides, exige le plus de monde et offre le moins de sécurité.

Il est donc indispensable qu'une *place active*, c'est-à-dire destinée à exercer son action sur une certaine étendue du territoire, n'abandonne pas à l'ennemi la libre possession des hauteurs qui faciliteraient et assureraient son investissement, et qu'elle cherche à se réserver l'accès de la plaine. On sera donc souvent conduit, dans ce cas, à occuper, en dehors de la ligne des forts nécessaires pour empêcher le bombardement et constituer l'enceinte du combat, quelques-uns des points les plus importants du terrain.

Cette occupation exigera l'emploi de moyens d'une certaine importance, parce que les ouvrages à créer auront un double rôle à jouer : en effet, s'ils doivent interdire à l'ennemi l'occupation des points qui lui seraient utiles, retarder l'investissement et gêner les communications de l'assiégeant, ils doivent aussi, et c'est là leur principal objet, contribuer à assurer aux défenseurs de la place l'accès de la plaine, favoriser les mouvements offensifs de la garnison, et protéger sa retraite en cas d'insuccès.

Ils faciliteraient beaucoup, d'ailleurs, les ravitaillements, qui, dans les grandes places, peuvent être considérés comme le meilleur moyen de défense; car ces places ont surtout le blocus à redouter.

Les ouvrages de la troisième catégorie ont donc à la fois un rôle *passif* et un rôle *actif; passif* tant qu'ils sont abandonnés à eux-mêmes et se bornent à tenir une position; *actif* lorsque la garnison de la grande place dont ils forment une annexe tente un effort extérieur.

Les nécessités locales d'occupation et d'action détermineront, dans chaque cas particulier, les dispositions à prendre; mais si elles influent sur le nombre et l'organisation des ouvrages, elles ne paraissent pas exiger des ouvrages de grande dimension. Des ouvrages de dimension restreinte, formant système, nous semblent devoir satisfaire d'une manière plus complète aux conditions à remplir.

L'examen rapide que nous venons de faire des trois circonstances générales dans lesquelles on peut avoir à créer des ouvrages pour l'organisation défensive du pays, nous paraît avoir fait ressortir que si les forts doivent concourir à des opérations diverses et favoriser l'exécution des combinaisons variées d'une défense active, leur action véritable et propre se réduit dans tous les cas à une *action de résistance*.

Qu'il s'agisse d'un fort isolé, ou *ouvrage d'interdiction*, d'un fort détaché, ou *ouvrage de protection* d'une place, ou enfin d'un fort plus éloigné, ou *ouvrage d'occupation* dépendant d'une place active, la garnison d'un de ces ouvrages n'aura, au fond, qu'une mission bien définie et très-limitée : résister aux attaques dirigées contre elle et surveiller le terrain dans la zone d'efficacité des pièces dont elle dispose.

Or, s'il est vrai, comme nous l'avons démontré plus haut, que la force de résistance d'un ouvrage soit, dans une certaine mesure, indépendante de ses dimensions, il en résulte cette conséquence, importante au point de vue de la dépense qu'entraînera l'organisation défensive, c'est que, dans tous les cas, on pourra se contenter d'ouvrages de petite dimension.

Quoique cette opinion compte aujourd'hui, soit en France, soit à l'étranger, de nombreux partisans, elle trouve encore de nombreux contradicteurs, et l'intérêt considérable qui se rattache à cette question, tant au point de vue de l'économie de construction qu'à celui de la réduction des forces immobilisées pour la défense des places, nous engage à insister sur les motifs qui invitent à adopter cette solution, et à répondre aux objections qu'on y oppose d'ordinaire.

Pour les ouvrages de la première catégorie, dont le nombre peut être assez considérable, on est généralement d'accord sur ce point, et le nombre de défenseurs qu'on propose de leur attribuer reste, dans la plupart des projets étudiés, compris entre 150 et 500 hommes.

Que faut-il, en effet, dès que vous ne demandez à la garnison aucune action extérieure ?

Des servants pour les quelques pièces destinées à interdire, sur une distance assez grande, le passage à défendre ; un petit nombre d'hommes pour appuyer, par des feux de mousqueterie, l'action de ces pièces contre un ennemi qui s'avancerait à découvert.

Si l'on peut se contenter d'un petit nombre de pièces sous blindage naturel ou artificiel, on voit qu'une garnison composée d'une compagnie d'infanterie constituée et de quelques artilleurs suffirait pour atteindre le but.

Autrefois on n'avait qu'un seul procédé pour obtenir, sur un espace donné, une intensité de feu suffisante, c'était d'augmenter la capacité de l'ouvrage pour étendre ses crêtes, qu'on brisait afin d'obtenir des feux croisés, et de doubler les rangs des défenseurs sur les banquettes d'infanterie. Aujourd'hui l'intensité du feu est assurée par la nature même de l'arme dont on dispose; sa portée a augmenté la profondeur de la zone de son effet utile ; la rapidité et la précision du tir ont accru son efficacité; de sorte que, pour protéger le terrain qui précède immédiatement l'obstacle, dix hommes produiront aujourd'hui le même effet qu'on eût obtenu autrefois avec un nombre de défenseurs cinq ou six fois plus considérable.

On peut être certain d'ailleurs qu'avec les tendances actuelles, tous les progrès apportés à l'armement, ne feront qu'augmenter et la précision et la rapidité du tir, et, par suite, les éléments de résistance des petits ouvrages.

En second lieu, la nature et la précision des pièces de l'attaque imposent la nécessité de donner aux ouvrages à défendre la moindre surface possible, surtout lorsqu'ils sont susceptibles d'être entourés. Toutes les installations, logements ou magasins, doivent être souterrains, et plus on donnera de développement à la surface occupée, plus on rendra difficile le problème des communications intérieures; plus on augmentera l'effectif de la garnison, et plus on rendra mauvaises les conditions d'établissement des hommes, sans obtenir plus de résistance.

Les deux objections faites aux ouvrages de petite dimension sont :

L'insuffisance de leur matériel d'artillerie ;

L'influence fâcheuse que leur faiblesse numérique doit exercer sur le moral des défenseurs.

La première de ces objections serait sérieuse si l'ouvrage devait sortir de son véritable rôle et entrer en lutte avec les batteries de l'attaque; mais il n'en est pas ainsi, et pourvu que ses ressources en artillerie soient suffisantes pour battre efficacement les voies dont il doit interdire l'usage, le but sera atteint. Il est donc clair que c'est plutôt en assurant la conservation du matériel qu'en augmentant l'armement qu'on peut obtenir un semblable résultat.

La question de l'influence morale doit être également écartée.

A découvert, sur un terrain de combat, quand de nouveaux défenseurs peuvent remplacer ceux qui faiblissent et entretenir un élan nécessaire, le nombre est incontestablement un élément de force morale ; mais il n'en est plus ainsi quand il s'agit d'une résistance passive, d'une garnison renfermée dans un espace limité : la prudence même imposée à l'ennemi, quelle que soit sa supériorité numérique, l'insuccès inévitable de toute tentative brusquée, le peu d'effet produit par ses projectiles sur des abris bien disposés, font apprécier aux défenseurs la valeur de l'obstacle dont ils ont à utiliser la résistance. Ce n'est plus un entraînement qu'il s'agit d'obtenir, un grand effort qu'il faut demander, c'est le calme, la cohésion, l'action intelligente ; or ces qualités sont surtout le résultat de l'influence personnelle du chef chargé d'assurer l'ordre et de régler l'impulsion ; et cette influence personnelle sera d'autant plus grande et plus complète qu'elle n'aura à s'exercer que sur un groupe plus restreint et plus compacte ; elle sera d'autant plus efficace qu'elle agira sur des hommes connaissant parfaitement l'outil dont ils ont à se servir.

C'est du reste par ces considérations qu'on peut expliquer ce fait, dont l'histoire des guerres fournit tant d'exemples, que les plus énergiques résistances ont été faites par de faibles garnisons.

Pour les ouvrages de la deuxième catégorie on n'a été conduit à proposer de grands forts, ainsi que nous l'avons montré précédemment, que parce qu'on voulait y augmenter tous les moyens d'action de la défense ; mais, du moment que l'on n'envisage l'ouvrage permanent que comme un centre de résistance et qu'on sépare de lui les ouvrages de combat, son rôle se rapproche beaucoup de celui des ouvrages de la première catégorie, dont il ne doit différer que par les détails d'organisation qui résultent de sa liaison avec la place qu'il protége. On comprend que, dans ces conditions, augmenter son étendue, accroître sa garnison, ne servirait qu'à accroître, sans profit réel, l'étendue du but fixe offert aux batteries de l'attaque et à immobiliser une garnison plus considérable.

Cette idée rationnelle de la séparation des ouvrages de résistance et des ouvrages de combat, exposée récemment dans un article de la *Revue des sciences militaires*, vient également d'être présentée, sous une forme plus définie peut-être, mais moins générale, par le capitaine du génie autrichien DE GELDERN, et la *Revue militaire de l'étranger* a donné une analyse succincte de ses propositions.

Nous croyons cette idée vraie et féconde, nous appelons sur elle l'attention des officiers chargés d'étudier l'organisation de nos ouvrages défensifs, car elle permet, tout en assurant à la défense une action *aussi étendue que le comporteront ses ressources*, de réaliser dans leur établissement de notables économies.

Les ouvrages de la troisième catégorie ne se distingueront, en général, de ceux de la deuxième que par leur tracé, puisqu'ils ne s'appuient plus à un noyau central. Dans la période où ils seront abandonnés à eux-mêmes, on n'a à leur demander qu'une résistance passive, et, dans le cas où ils appuient les actions extérieures de la place dont ils forment une annexe, ils prennent un rôle analogue à celui des forts de la deuxième catégorie; tout ce qui a été dit, soit pour les forts d'interdiction, soit pour les forts de protection ou de la deuxième catégorie, pourrait donc se répéter ici.

Pour ces ouvrages annexes, les conditions topographiques du site à occuper exigeront souvent qu'ils commandent un terrain d'une certaine étendue, et on aura tout intérêt dans ce cas à substituer à un ouvrage considérable un ensemble de *petits ouvrages formant système*.

En effet, si l'on voulait établir un grand ouvrage, outre les difficultés d'assiette qu'on aurait presque toujours à vaincre, on serait contraint ou de ne pas occuper tous les points réellement importants pour rester dans les limites d'une dépense acceptable, ou de recourir à des fortifications très-étendues et par suite très-dispendieuses, dont une partie seulement aurait une utilité réelle.

Or, il semble qu'on pourrait arriver plus économiquement

à assurer l'occupation de la position choisie en organisant solidement les points importants du périmètre, et en se contentant de les relier par des travaux de moindre valeur qui pourraient même souvent se réduire à de simples tranchées qu'on exécuterait au moment du besoin.

On constituerait ainsi une sorte de camp retranché susceptible de favoriser singulièrement les tentatives extérieures de la garnison.

D'après ces considérations, un fort de la deuxième ou de la troisième catégorie peut se composer, comme un ouvrage isolé, d'une batterie de peu d'étendue, armée de quelques pièces de gros calibre bien abritées.

Comme on doit attribuer à sa petite garnison la surveillance extérieure de la zone restreinte qui entoure immédiatement l'ouvrage, il serait pourvu d'une enceinte avec parapet en terre, armée de pièces légères qu'il sera facile de soustraire aux coups de l'ennemi en raison de leur mobilité (ainsi que cela a été pratiqué d'ailleurs avec succès dans la défense des ouvrages avancés de Belfort).

Quant à la défense des fossés, elle pourra être assurée de la manière la plus simple par des dispositifs à l'abri des coups de l'artillerie lointaine.

Une contrescarpe continue et au besoin quelques défenses accessoires, mettront l'ouvrage à l'abri de toute tentative brusquée.

Pour assurer la sécurité des pièces de siége, on a proposé l'emploi de casemates à canons plus ou moins compliquées, mais nous pensons qu'il convient de n'admettre des ouvrages aussi dispendieux que dans des cas exceptionnels, par exemple lorsqu'il s'agit d'assurer la conservation de certaines pièces dont le but est parfaitement déterminé, dont le champ de tir peut être limité et dont la privation pourrait apporter à la défense un préjudice considérable.

Dans tout autre cas, on devra chercher à assurer la conservation du matériel par des moyens plus économiques (peut-être par l'organisation du matériel lui-même), et surtout s'attacher à ne pas restreindre le champ de tir.

En résumé, nous croyons avoir établi dans l'examen rapide qui précède :

1° Que l'amélioration de notre système défensif comportait la création d'ouvrages destinés à trois catégories de place :

Forts d'arrêt ou places d'interdiction ;

Grandes places sans action extérieure ;

Places actives ou de manœuvre ;

2° Que, dans toutes les circonstances, le rôle propre de ces ouvrages se bornait à une action de résistance ;

3° Que des ouvrages de petite dimension pouvaient présenter la force de résistance nécessaire ;

4° Enfin que, pour les places des deuxième et troisième catégories, l'action de la défense devait se développer et s'étendre sous la protection de ces ouvrages, mais en dehors d'eux et au moyen de ressources distinctes.

Nous nous croyons donc autorisé à conclure que *dans les créations à faire pour compléter notre système défensif, il convient de se contenter d'ouvrages de petite dimension.*

On arriverait ainsi à satisfaire à deux conditions bien essentielles à remplir : ÉCONOMIE DANS LES DÉPENSES et RÉDUCTION DANS LES EFFECTIFS A IMMOBILISER POUR LA DÉFENSE PASSIVE.

15, 16, 17. LES PLACES FORTES du N. E. de la France, et Essai de défense de la nouvelle frontière. Paris, Tanera . . 75 c.

18, 19. DE LA DÉTERMINATION DU CALIBRE dans les armes portatives, par J. L., cap. d'artillerie. Paris, Tanera. 50 c.

20. DES BIBLIOTHÈQUES MILITAIRES, de l'établissement d'un catalogue et de la tenue des principaux registres. Paris, Tanera . . . . 25 c.

21, 22, 23, 24. L'ARTILLERIE AU SIÉGE DE STRASBOURG EN 1870. Notes recueillies par un officier de l'artillerie suisse. Traduit de l'allemand par P. Larzillière. Paris, Tanera. . 1 fr.

25, 26. L'ARTILLERIE DE CAMPAGNE des grandes puissances européennes et les canons rayés. Traduit de l'allemand par M. Meert, capitaine d'artillerie. Paris, Tanera. . 50 c.

27. DES CANONS ET FUSILS A VAPEUR, par J. L., capitaine d'artillerie. Paris, Tanera . . . . 25 c.

28, 29. LA CAVALERIE DE RÉSERVE sur le champ de bataille, d'après l'italien, par Foucrière, sous-lieut. au 81e rég. de ligne. Paris, Tanera . . . . 50 c.

30. DE LA RÉPARTITION DE L'ARMÉE SUR LE TERRITOIRE. Paris, Tanera . . . . 25 c.

31, 32. LE TÉLÉMÈTRE NOLAN, appareil destiné à mesurer les distances, avec planche. Paris, Tanera . . . . 50 c.

33. LA BATAILLE DE SPICHEREN envisagée au point de vue stratégique. Traduit de l'allemand par Weil. Paris, Tanera. 25 c.

34. DE L'ÉQUITATION DANS LES RÉGIMENTS DE CAVALERIE EN PRUSSE, par H. de La F. Paris, Tanera . . . . 25 c.

35. L'ARMÉE PRUSSIENNE EN ALSACE PENDANT L'HIVER DERNIER, notes recueillies par C. Sandherr, lieutenant de chasseurs à pied. Paris, Tanera . . . . 25 c.

36, 37. DE LA JUSTESSE DU TIR DES BOUCHES A FEU ET DES ARMES PORTATIVES, par M. J. Lefèvre, capitaine d'artillerie. Paris, Tanera . . . . 50 c.

38. DES MÉTAUX EMPLOYÉS DANS LA FABRICATION DES CANONS ANGLAIS, par J. L., capitaine d'artillerie. Paris, Tanera. 25 c.

39, 40. INSTRUCTION THÉORIQUE ET PRATIQUE DE L'INFANTERIE, par E. Uffler, cap. au 93e rég. de ligne. Paris, Tanera. 50 c.

41, 42. L'EXPLOITATION DES CHEMINS DE FER FRANÇAIS PAR

MÉLANGES MILITAIRES

Deuxième Série

DES HOMMES, par N. Seeland. Traduit du russe par M. Saniewski, lieutenant au 90e de ligne. Paris, Tanera.   75 c.

10. DES ÉCLAIREURS, par M. Hagron, capitaine d'état-major. Paris, Tanera. . . . . 25 c.

11, 12. LA FORTIFICATION PERMANENTE DU CAPITAINE VON PISTOR. Traduction et analyse par V. Grillon, capitaine du génie. Paris, Tanera. . . . . 50 c.

13. RÈGLEMENT DU 24 OCTOBRE 1872 RELATIF AU SERVICE DES HOPITAUX MILITAIRES EN PRUSSE. Traduit de l'allemand par le docteur Morache. Paris, Tanera. . . . . 25 c.

14, 15. STRASBOURG, SA DESCRIPTION, SES FORTIFICATIONS, SON ROLE MILITAIRE AVANT LA GUERRE DE 1870, par M. Z. Paris, Tanera. . . . . 50 c.

16. DES BIBLIOTHÈQUES ET LECTURES EN COMMUN DANS LES CASERNES POUR LES SOUS-OFFICIERS ET SOLDATS, par le colonel E. B. Paris, Tanera . . . . 25 c.

17, 18, 19, 20. DE L'INSTRUCTION MILITAIRE DANS L'ARMÉE (infanterie), par A. Dally, capitaine au 102e de ligne. Paris, Tanera. . . . . 1 fr.

21, 22. LE SERVICE DE SURETÉ DANS L'ARMÉE PRUSSIENNE. Première étude. *Surveillance pendant les marches*, par H. de la F. Paris, Tanera . . . . 50 c.

23. RÉORGANISATION DU SERVICE DE SANTÉ MILITAIRE, par le docteur Judée, médecin-major au 10e d'artillerie. Paris, Tanera. . . . . 25 c.

24, 25, 26. COMPTE RENDU DES MANOEUVRES D'AUTOMNE DE L'ARMÉE D'OCCUPATION EN 1872. D'après l'allemand, par M. Weil. Paris, Tanera. . . . . 75 c.

27, 28, 29, 30. QUESTIONS D'ORGANISATION SUR LA CAVALERIE, par A. Hocquet, capitaine instructeur du 7e dragons. Paris, Tanera. . . . . 1 fr.

31, 32. DE L'INSTRUCTION PRATIQUE DES ÉTATS-MAJORS. Paris, Tanera. . . . . 50 c.

33, 34. LA TACTIQUE DE L'INFANTERIE, par L. de Beylié, sous-lieutenant au 41e régiment. Paris, Tanera. . . . . . . 50 c.

35. SITUATION MILITAIRE DES PUISSANCES EUROPÉENNES EN 1872. Aperçu rétrospectif. Traduit de l'allemand par M. Weil. Paris, Tanera. . . . . 25 c.